portfolio collection
Marian Smit

TELOS

Contents

lucide (detail)
1998

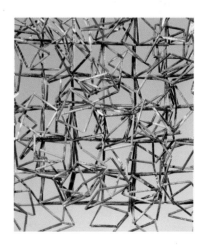

left:
crowded
1998
paper, copperwire
20 x 20 x 8cm (8 x 8 x 3in)

Biography

Born   1944, Wassenaar

Education and Awards

1969-1970	Rietveld Academy
1972-1976	Academy for Professional Textile Education, Amsterdam
1999	1st Prize Winner, 3rd Triennale Internationale Papier, Charmey, Switzerland

Solo Exhibitions

2002	Galerie Keikes, Leeuwarden
2002	'4th Triennale Internationale Papier', Charmey, Switzerland
2001	Gallery Gallery, Kyoto, Japan
1995	Theater De Lampegiet, Veenendaal
1993	't Oude Raadhuis Gallery, Hoofddorp

opposite:

Connected Cubes

1999

steelspring wire, paper, paint

40 x 40 x 12cm (16 x 16 x 5in)

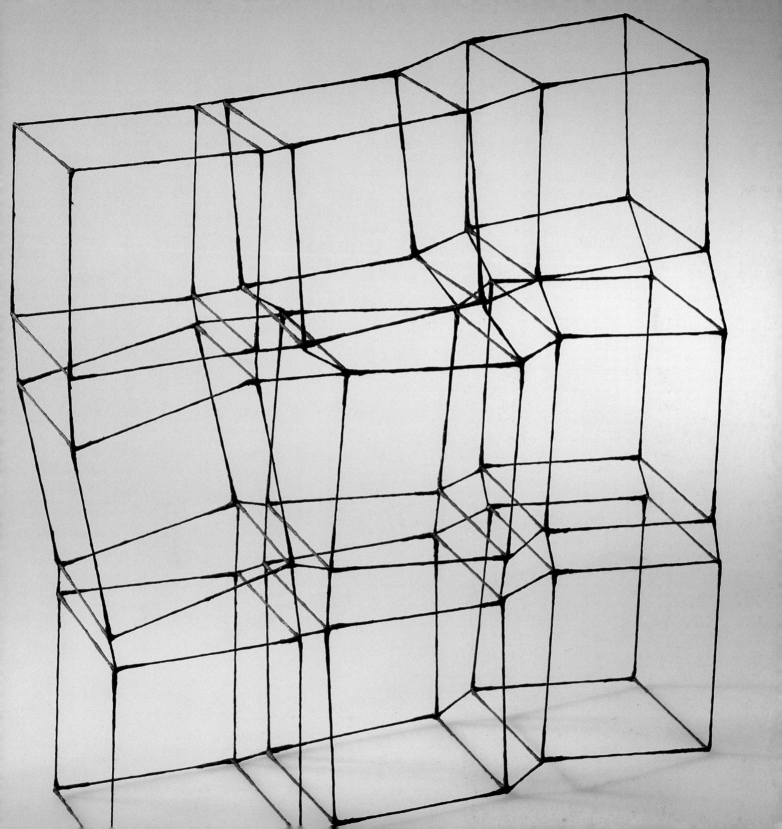

Selected Group Exhibitions

2001	Gallery Tusse de Banke, Texel
2001	'Art Textiles of the World: The Netherlands', Museum Rijswijk (tour)
2001	'Een velletje papier', Cultureel Centrum, Bornem, Belgium
2000	'In our Hands', The Office, Kyoto
1999	'Miniartex', Como, Italy
1999	'Een velletje papier', Cultureel Centrum, Genk, Belgium
1999	'3rd Triennale Internationale Papier', Vivian Fontaine, Charmey
1998	'12th Miniart Textile Biennale', Szombathely, Hungary
1998	'Papier Biennale' Museum Rijswijk
1997-1998	Gallery Posthuys, De Kcog, Texel
1997	Gallery d'Egelantier, Amsterdam
1997	'Arte Contemporama', Olandese, Italy
1996-1997	Gallery Per Expres, Amsterdam
1990-1997	'Art-Route Westelijke Eilanden', Amsterdam
1996	'2nd Triennale Internationale Papier', Vivian Fontaine, Charmey
1996	'Paper event Japma', Denmark
1996	'Kunst aan Huis', Art-route Edam
1996	Gallery Per Expres, Amsterdam
1995	'Met de muziek mee', Textiel Plus, Museum Van Speelklok tot Pierement, Utrecht
1994	'Miniartex', Como, Italy
1994	'Museum Rijswijk lapma', Rijswijk, The Netherlands
1993	'1st Triennale Internationale Papier', Vivian Fontaine, Charmey
1992	'9th Miniart Textile Biennale', Szombathely, Hungary

Publications

2001	*Art Textiles of the World, The Netherlands*, Telos, ISBN19020115061
1999	*Paper*, Gabrielle Falkiner, Watson-Guptil, ISBN 0823003043
1998	*Fire and Paper,* Gentenaar en Torley, ISBN 9080418315
1997	*Paper*, Beata Thackeray, Conran Octopus, ISBN 850298939

Commissions

1993   Albert Heijn, Zaandam
1992   VNU Publishers, Amsterdam

Work in Collection

Stadhuis, Hoofddorp
VPRO Broadcasting, Hilversurn
Musée du Pays et Val de Charmey, Charmey, Switzerland

Für Elise (detail)
1997

Foreword   Voorwoord   まえがき

It was through her work in paper that I first became acquainted with the art work of Marian Smit. In 1993, when the Museum Rijswijk [near The Hague, The Netherlands] was preparing its first paper-art exhibition 'the Paper Manifestation', I visited her studio at Prinseneiland, Amsterdam. On entering her studio I was immediately captivated by that space. It was crammed from floor to ceiling with materials: huge quantities of yarns and papers were very systematically stored by colour and structure. Looking back, I had glimpsed the underbelly of her future work: a natural nonchalance embedded in a rational order.

For many years Marian made weaving designs. But recently she has been exploring the possibilities of paper, having felt a little constricted by working in a flat plane only. Paper – being more rigid than textiles – gave her the freedom she needed to build spatial objects.

Marian Smit heb ik leren kennen door haar papierkunstwerken. In 1993, toen het Museum Rijswijk bezig was met de voorbereidingen voor de eerste papierkunsttentoonstelling, de 'Papiermanifestatie', zocht ik haar op in haar atelier op het Prinseneiland in Amsterdam. Meteen bij binnenkomst raakte ik gefascineerd door de ruimte, die van onder tot boven volgestouwd was met de materialen waarmee zij werkte. Grote hoeveelheden zijden garens, wol en verschillende soorten papier waren strikt systematisch geordend op materiaal en kleur en vormden, zo realiseer ik mij nu, als het ware een voorafschaduwing van het basisconcept van haar werk: een rationele ordening tegenover een natuurlijke nonchalance.

Zij vertelde mij dat zij jarenlang veel weefontwerpen had gemaakt. De laatste vier jaar was zij steeds meer met papier gaan experimenteren, dat door zijn stevigheid meer mogelijkheden bood dan textiel en haar de vrijheid gaf om haar ideeën, die een steeds ruimtelijker richting opgingen, te verwezenlijken.

私が初めてマリアン スミットの作品に触れたのは、彼女の紙による作品を通してである。1993年、ライスヴァイク美術館（オランダ、ハーグ）は初の紙による作品の展覧会「紙の真実」展の準備中であった。私はマリアンのスタジオをアムステルダム近郊のプリンゼナイランドに訪ねたのである。スタジオに入ってすぐに私は目の前の光景に心を奪われた。スタジオの床から天井にかけて素材が所狭しと積み上げられていた。大量の糸と紙はきちんと色と形ごとにわけてかためられていた。今思い返すと私は彼女の未来の作品の下地、つまり理性的な秩序に守られていながら自然で気取らない感じをその光景に見出したのだ。

長年の間、マリアンは織物のデザインを行ってきた。しかし最近になって彼女は紙の持つ可能性を探り始めた。しかし平面のみで制作を行う事に窮屈な思いをしながら。紙はテキスタイルに比べて融通の利かない素材であるが、そのことが彼女に立体的なオブジェを作らせるきっかけとなった。

Nine Stones
2001
paper, metal
25 x 25 x 25cm (10 x 10 x 10in)

Starting with collages integrating industrial paper, she created in 1993 three-dimensional structures from glued and tightly rolled paper. Increasingly liberated, she subsequently experimented with copper-wire constructions, wrapped with Japanese paper.

Meanwhile the 'Paper Manifestation' in Museum Rijswijk developed into 'The Holland Paper Biennale,' and in 1998 Marian's work was again selected, though now quite different.

Marian had by then moved to the north of Texel [island off the north coast of the Netherlands], where she still lives. Her studio and home are surrounded by the sea, with its immense beaches, shallows and dunes.

Though the basic-concept of her work remained the same, these new surroundings profoundly influenced her work.

Begonnen met collages van industrieel vervaardigd papier uit tijdschriften, maakte zij in 1993 hoofdzakelijk driedimensionale werken, die hun stevigheid verkregen door het strak oprollen van stroken papier. Om een grotere vrijheid van werken te krijgen, experimenteerde zij ook met structuren van koperdraad, die zij omwikkelde met Japans papier.

'De Papiermanifestatie' in het Museum Rijswijk was ondertussen uitgegroeid tot 'de Holland Papier Biënnale' en in 1998 werd het werk van Marian Smit, dat in de tussenliggende jaren geheel andere vormen had aangenomen, weer uitgekozen voor de tentoonstelling. Marian was inmiddels naar het uiterste puntje van Texel verhuisd, waar zij nu nog steeds woont en werkt, omgeven door de zee, het wad, weidse stranden en duinen. Hoewel het basisconcept van haar werk hetzelfde is gebleven, is haar nieuwe omgeving een steeds sterkere invloed op haar gaan uitoefenen. Haar experimenten met metaal en papier heeft zij ondertussen zo vervolmaakt, dat zij al haar ideeën voor een bepaalde constructie ook kan uitvoeren zonder zich beperkingen op te moeten laten leggen door het materiaal. Sinds zij op Texel woont, combineert zij deze structuren vaak met organische vormen uit haar omgeving.

マリアンの紙による作品は市販の紙にコラージュを施した作品に始まり、1993年にはを紙をきつく巻いたり糊でくっつけたりして三次元の構造を作った。紙の制限から開放されるにつれてマリアンは銅の針金で和紙を包んだりすることを試みる。

同時にライスヴァイク美術館での「紙の真実」展はオランダ・ペーパービエンナーレにまで発展し、1998年にマリアンの作品は再び選ばれたのだが、今の彼女の作品はかなり違ったものである。

マリアンはその頃までに、オランダ西海岸沖の島、テッセルに引っ越していた。彼女は今でもそこに住んでいてスタジオと住居は海、広大な砂浜、浅瀬そして砂丘に囲まれている。

マリアンの作品に一貫して在るコンセプトは変わらないがこれらの新しい環境は彼女の作品に強い影響を及ぼした。

Her experiments with metal and paper were by now becoming extremely refined and also realistic, despite the inevitable restrictions which impose themselves following any selection of materials. Since living on Texel she has been combining geometrical structures with organic findings. Her objects are difficult to catch in one glimpse. The subtle colouring of Japanese paper which covers the metal frame leads to distortions in perspective, familiar to us from Escher's work. These distorting effects are best appreciated walking around a three-dimensional object.

It might be comforting to classify an artist who is working with paper as a paper-artist; but in the case of Marian Smit, that would be too simple. Based on solid craftsmanship derived from textile traditions, boundaries become blurred...Her work extends beyond the borders of painting, sculpture and architecture.

Anne Kloosterboer
Assistant Curator,
Museum Rijswijk

Haar objecten zijn moeilijk in één oogopslag te bevatten. Door een subtiele kleuring van het Japanse papier dat het metalen geraamte omkleedt, treden Escherachtige perspectivische vertekeningen op, die nog sterker worden als je om het object heen loopt.

Zoals bij zoveel kunstenaars die, door het materiaal waarmee zij werken, voor het gemak ingedeeld worden bij papier- of textielkunst, is het werk van Marian Smit moeilijk in een bepaald vakje te stoppen. Gefundeerd op het degelijke handwerk van de textiele traditie, vermengt en overschrijdt het de grenzen van de beeldhouwkunst, architectuur en schilderkunst.

Anne Kloosterboer
Adjunct-Conservator,
Museum Rijswijk

マリアンの金属と紙による実験的な試みは、そこに避け難い制限が在ったにも関わらず、今では非常に洗練されより可能となった。しかしそれらの制限はかえって彼女の視点を紙と金属以外のあらゆる素材に向けざるを得なくする。テッセルに住むようになってからマリアンは幾何学的な構造と有機物の研究結果を組み合わせている。彼女の作品は一瞬見ただけでは解りづらい。微妙に色付けされた和紙が金属の枠を覆い見る者の認識を歪める、まるでエッシャーの作品の様に。これらの「歪み」による効果は三次元の構造の中で循環している時が最も効果的である。

紙を用いて作品を作る作家を「ペーパーアーティスト」といってしまうのは容易いがマリアンの作品を見ていると彼女の場合は簡単に済みそうも無い。彼女の作品は伝統的なテキスタイルにおける職人の技能が根底にある為に境界線があいまいとなるのだ。それに彼女の作品はその境界を絵画、彫刻そして建築の域にまで広げている。

アンネ クルーステルブール
Rijswijk博物館副館長

veiled (detail)
2000

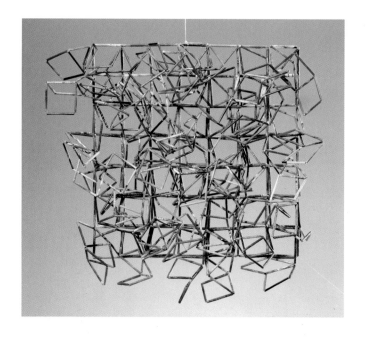

lucide

1998

paper, metal

20 x 20 x 4cm (8 x 8 x 1.5in)

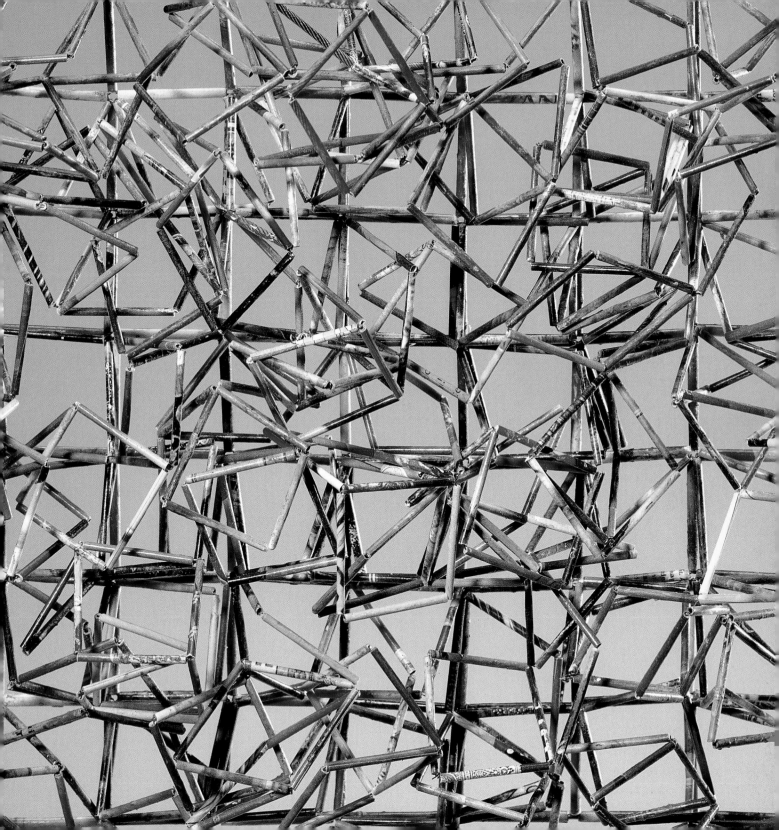

Background　Achtergrond　背景

Textiles

Marian Smit graduated in 1976 at the Academy for Professional Textile Education in Amsterdam. For ten years she was a foundation lecturer for students of a variety of textile techniques. She took weaving courses in Gent (Belgium) and specialised in pattern and colour-designing, knowledge which was to prove useful in her weaving-courses in Delft. For some years she designed weavings and tapestries for the Dutch magazine named *Handwerken*.

Marian found the painstaking preparations necessary for weaving on the traditional loom too cumbersome and too time-consuming. Her own weavings were tending toward a more minimalist approach. She eventually exchanged her looms for high-tech electronic knitting machines. She made beautiful sweaters which she sold from her own shop. Nice work, but not terribly profitable and extremely time-consuming!

Textiel

Marian Smit is in 1976 afgestudeerd aan de Lerarenopleiding Textiel in Amsterdam en heeft daarna zo'n 10 jaar lesgegeven in allerlei textielvakken. Naast haar werk volgde ze een driejarige weefopleiding in Gent (België). Daar specialiseerde ze zich vooral in ontwerpen en kleurenleer, vakken waarin ze later aan een weefopleiding in Delft ook heeft lesgegeven. Voor het tijdschrift *Handwerken* heeft ze een tijdlang onder andere weefwerk en kleden ontworpen.

Na een aantal jaren vond Marian de eindeloze voorbereidingen van het weven op een getouw te arbeidsintensief. Haar eigen weefwerk werd daardoor steeds kleiner en eenvoudiger. Ze kwam erachter dat ze op een breimachine veel sneller resultaat kon bereiken. Daarom is ze overgegaan op het ontwerpen en breien van truien op de breimachine in een eigen studio. Dit werk was heel leuk, maar nog steeds erg arbeidsintensief.

テキスタイル

マリアン スミットは1976年にアムステルダムにあるプロフェッショナル・テキスタイルアカデミーを卒業した。それから十年間、彼女はあらゆるテキスタイルの分野を志す基礎科の生徒を教えていた。マリアンはベルギーのジェントで織のコースに出席したことがあり、専攻はパターンと色によるデザインだった。ここで得た知識はデルフトでの彼女の織のコースで役立つことが証明された。

それから後数年間、彼女はオランダの雑誌「Handwerken」の為にタペストリーや織物のデザインをしていた。

マリアンは織物を伝統的な機で織る場合に必要な、骨が折れる下準備は厄介であると同時に時間がかかりすぎるとも判断した。彼女自身の織物に対するアプローチはもっとミニマリスト的である。マリアンは結局彼女の機をハイテクの電動編み機と交換した。彼女は自身の店で美しいセーターを販売していた。すばらしい作品、でも高い利益を生み出すわけでもなく決して時間もかかり過ぎない。

lots
1992
silk, paper
20 x 20cm (8 x 8in)

paper wall
1994
paper, glue
20 x 15 x 3cm (8 x 8 x 1in)

Discovery

In 1990 Marian Smit first saw a paper-artist at work. That artist moistened cotton thread with paper-pulp and formed beautiful structures. Marian was so impressed that she started experimenting with paper, parallel to her own textile work. She made paper-wires and grouped them into small, colorful objects. Later she discovered ready-to-go paper threads in a well-known famous Japanese shop in Amsterdam.

Paper

Suddenly, things clicked into place. With the direct techniques she developed she felt she could now take off immediately – after only the quickest of preliminary sketches. In 1992 Marian completely abandoned textiles in favour of paper, although roots and training in textiles roots will always be visible to insiders.

Ontdekking

In 1990 zag Marian Smit voor het eerst een papierkunstenaar aan het werk. Deze kunstenaar haalde draden door papierpulp, bundelde die en maakte daarmee een prachtige structuur. Marian was daar zo van onder de indruk, dat ze naast haar textielwerk met papier ging experimenteren. Ze maakte draden van papier, die ze verwerkte tot kleine, kleurige objecten. In het Japanse Winkeltje in Amsterdam ontdekte ze kant-en-klare papieren draden, waarmee ze ook een aantal van haar eerste papierstructuren maakte.

Papier

In het werken met papier vond Marian eindelijk wat ze zocht. De veel directere aanpak, die ze zich in haar papierkunst eigen maakte, paste veel beter bij haar. Met papier kon ze, na het maken van een snelle schets, meteen aan de slag, terwijl er voor weven en breien veel gepland en berekend moest worden. Met papier was resultaat veel sneller zichtbaar. In 1992 stopte Marian dan ook helemaal met textiel, hoewel je de textiele achtergrond nog steeds in haar werk kunt herkennen.

発見

1990年マリアンは初めてペーパーアーティストによる作品を目にする。その作家は綿の糸に水分を染み込ませ、パルプと共に美しい構造を生み出していた。非常に感動したマリアンは、自身のテキスタイル作品とは別に紙を用いて試行錯誤を始めた。彼女は紙で紐を作り、それらを小さくカラフルなオブジェへと分類した。その後、マリアンは市販の紙紐をアムステルダムにある有名な日本の店で見つけた。

紙

突然、何かがぱちっと弾けたようであった。マリアンは、発達させた直接的な技法により最初の段階であるスケッチからすぐさま作り出せることがわかった。1992年には、マリアンは紙を選んでテキスタイルを完全に放棄した、とはいってもテキスタイルにて彼女が養った技術、ルーツは作品中で常に見られる。

Für Elise

1997

printed musical score,
copper wire, pins
20 x 20 x 5cm (8 x 8 x 2in)

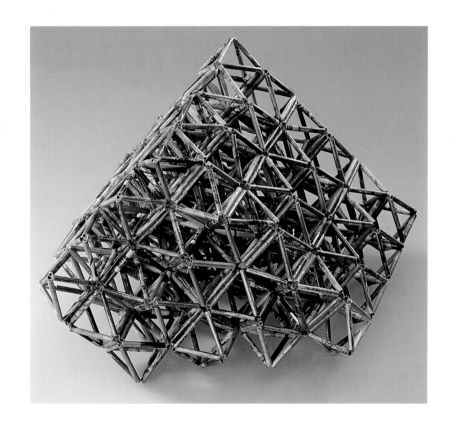

tribune

1996

paper, copperwire

20 x 20 x 20cm (8 x 8 x 8in)

Stimulus

During the 'Open Studio' initiatives in central Amsterdam, where her studio was located, Marian showed her paper-objects for the first time. These were soon discovered by a gallery-owner who was also interested in the gift market. She spotted the potential for a new market for Marian's work, and promptly commissioned her to do some designs for corporate gifts made of paper. These were very successful, and before long Marian received a commission for 1,400 gift items, 600 of which were destined for Dutch printers and publishing houses.

Marian used the printed output from these companies to make highly individual gifts which still maintained a recognizable branding for the clients. Family, friends and neighbours were recruited to finish this project within strict deadlines. These projects represented Marian's first commercial recognition, and encour-aged her to continue.

Stimulans

Tijdens de 'Open Atelierroute' op het Prinseneiland, waar haar ontwerpstudio was gehuisvest, exposeerde Marian haar eerste papierwerken. Daar kreeg ze bezoek van een galeriehoudster, die ook exclusieve relatiegeschenken voor grote bedrijven verzorgde. Ze vond het geëxposeerde papierwerk van Marian Smit heel toepasbaar en nodigde Marian uit om een paar voorstellen voor relatiegeschenken in papier te maken.

Die voorbeeld-exemplaren werden enthousiast ontvangen en Marian mocht 1400 relatiegeschenken maken, waarvan 600 voor een groot uitgeversbedrijf. Marian gebruikte de tijdschriften van de uitgever zelf voor de kunstwerkjes. Alle familie, vrienden en buren moesten bijspringen om alles op tijd af te krijgen.
Deze opdrachten waren voor Marian een erkenning van haar werk, een grote stimulans om door te gaan.

刺激

マリアンのスタジオが在るアムステルダムを中心に行われたオープンスタジオの間に、彼女は紙によるオブジェを初めて公開した。そこで、手頃な作品を求めていたギャラリーのオーナーに見出される。彼女はマリアンの作品が新たな市場の可能性を持っていることを見抜いた。程なくマリアンは、紙を用いた作品のデザインを依頼された。これは非常に成功し、やがてマリアンは1400にものぼる作品の注文を受け、そのうち600はオランダの出版社などから予約されていた。

マリアンは作品の番号を、個々の作品がより特別な存在となる為にプリントしていた。そしてそれらは今でも依頼主にとってその作品の価値を見出せるように残っている。家族、友人そして近所の人々は時折、厳しい締め切りを伴うこれらのプロジェクトを手伝う為に駆り出された。これらはマリアンにとって初めて商業的な認識を得るプロジェクトであり、また彼女に制作を続けるように励ました。

sloterdijk
1996
paper, copperwire
40 x 40 x 3cm (16 x 16 x 1.3in)

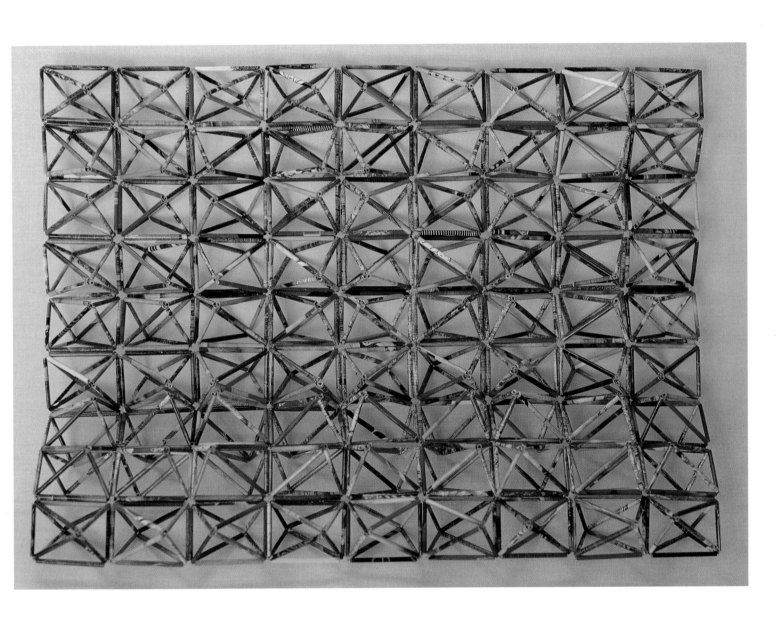

Exploring the third dimension

The first series of business gifts were two-dimensional and framed. Soon these frames started to feel constricting. The artist abandoned frames for her work and started working in 3-D. Nowadays all her paper-work is spatial. Marian commences the work and lets the work grow organically. When it is finished she decides how the work will be presented, whether suspended from above or free-standing.

Driedimensionaal

Eerst maakte Marian haar papierkunst in de lijn van de relatiegeschenken, vooral tweedimensionaal en ingelijst. Al snel daarna voelde ze zich teveel vastgelegd door die lijst en werd haar werk geleidelijk aan steeds ruimtelijker. Inlijsten deed Marian niet meer. Tegenwoordig is al haar papierwerk driedimensionaal. Ze laat het gewoon groeien en beslist pas als het klaar is hoe ze het object het best kan presenteren: hangend, staand of liggend.

三次元への冒険

初めての販売することを目的とした作品のシリーズは二次元でしかも額に収められていた。しばらくしてこれらの額縁を窮屈に感じるようになってきたマリアンはこれらの額縁を放棄すると共に三次元の作品を作り始めた。今では彼女の全ての紙の作品は立体的である。マリアンは作品を作り始めると作品自体が勝手に成長するかのように進めていく。作品を作り終えてから彼女はこれをどのように見せるか、釣り下げるのか自立させるのかを決めるのだ。

Crowded 2

1998

paper, copperwire

20 x 20 x 8cm (9 x 8 x 3in)

flying impossible 1

1999

paper,copperwire

20 x 20 x 4cm (8 x 8 x 1.5in)

Techniques　　　Technieken　　　技法

Building

Nearly from the start of her paper-career Marian decided to use bought paper only. The act of making paper does not appeal to her, and in any case there is such a variety of paper available to purchase.

The urge to make spatial works forced Marian to start experimenting. She first used strips of paper torn from glossy magazines. These were tightly rolled around a knitting-needle and fixed with wallpaper glue. To prevent them from fading, these oblong paper-rolls were coloured with varnish or paint. These were used as a basis for construction. Many evenings were spent making rolls while watching TV. For more subtle objects however she needed longer and thinner paper-sticks, and this roll and glue method turned out to be too coarse for that. After a lot of struggling she came up with copper-wires wrapped with slivers of Japanese paper. Glossy magazine-paper proved too stiff for wrapping, and normal paper, when soaked in wall paper glue, is susceptible to tearing. There's only one type of Japanese paper that does the trick.

Bouwen

Al in een vroeg stadium van haar papiercarrière besloot Marian alleen met bestaand papier te werken. Het scheppen van papier trekt haar niet: er is genoeg mooi kant-en-klaar papier in alle soorten en maten te koop of te vinden.

De drang naar ruimtelijk werken met papier dwong Marian tot experimenteren. De eerste bruikbare proeven bestonden uit reepjes glossy tijdschriftenpapier, met behangerslijm opgerold om een breinaald. Om vergelen tegen te gaan, bewerkte ze deze langwerpige rolletjes met krijt en lak. Door ze als grote kralen te gebruiken, kon ze er bouwwerken mee maken. Ze bracht avondenlang al rollend voor de tv door. Na een aantal werkstukken in deze techniek had Marian behoefte aan langere, dunnere papierstaafjes om subtielere vormen mee te maken. De roltechniek was daar te robuust voor. Na veel experimenten kwam ze uit op het omwikkelen van koperdraad met reepjes Japans papier. Het tijdschriftenpapier was te stug om goed mee te wikkelen en gewoon papier brak te snel als het in behangerslijm werd gedoopt. Marian vond na lang zoeken een geschikte Japanse papiersoort, die sterk en soepel tegelijk was.

組み立て

マリアンは紙を使い始めた時から市販の紙を使う事に決めていた。紙を作るという行為は彼女にとって魅力的ではなかったし、どちらにしても様々な種類の紙が市販されていたからである。

立体的な作品を作りたいという強い衝動はマリアンを試行錯誤へと導いた。まず彼女は艶のある上質紙で作られた雑誌を破いて細長い切れ端を作った。これらの切れ端をきつく編み棒の周りにきつくまき、糊で固めた。紙の色が褪せていくのを防ぐ為、これらの細長い紙で出来た棒状のものをニスか塗料で塗った。これらは構造を作るときの基礎となった。彼女は幾日も、夕方テレビを見る時間にこれらの作業を行った。しかしより適切な形、それはもっと細くて長いのだが、をつくるにはこの編み棒にまきつけて糊で固めるという方法はそぐわなくないとそのうち彼女は知る。数々の困難の後に彼女は和紙を巻き付けた銅の針金を手にする。艶のある上質紙では包むには固すぎたし、かといって普通の紙は壁紙用の糊に浸すと破けてしまった。そんな時この特殊な和紙が変化を進めるきっかけとなった。

couple

1998

paper, metal

20 x 20 x 10cm (8 x 8 x 4in)

Creative explosion

Working with paper-wrapped copper-wire was fine but it missed the possibility to form straight and long lines, and that was what she was looking for. These technical drawbacks form the backbone of Marian's work.

She often has a clear artistic fantasy, without a clear methodical picture of how to realize her vision. A technique or a material may be missing. The idea stays on a back-burner for years until a solution is found. Such a solution mostly triggers a new creative explosion, just through the sheer joy of so many new possibilities.

Creatieve explosie

Het werken met omwikkeld koperdraad beviel Marian wel, maar met het draad kon ze geen strakke lijnen maken en dat wilde ze. Dit soort technische problemen vormt een rode draad in het werk van Marian.

Ze heeft vaak ideeën, waarvan ze met geen mogelijkheid kan bedenken hoe ze die zou kunnen uitvoeren. Ze mist een materiaal of een methode. Het idee blijft soms jaren in haar hoofd rondspelen, totdat ze plotseling een oplossing ziet voor de technische uitvoering ervan. Die oplossing zorgt dan als vanzelf ook voor een creatieve explosie, omdat ineens honderden nieuwe vormen mogelijk worden.

創造的探求

紙にくるまれた銅の針金を用いての制作になんら問題は無い様ではあったが、これによって真っ直ぐで長い線、マリアンが求めていたものが出せなくなってしまった。これらの技術的な欠点がマリアンの作品づくりにおける主力となった。

マリアンには実際に技術的にどうするかという事よりも芸術的で空想的なイメージが常にあった。一つの技法または一つの素材が欠けているのだ。一つの解決法が発見されるまでの何年もの間アイデアは後回しとなった。そして数々の新しい可能性の中を行き来する中で発見される解決法はしばしば新たな創作の可能性をも導き出す。

left:

hawthorn

1999

paper, metal

20 x 20 x 10cm (8 x 8 x 4in)

right:

Für Elise

1997

printed musical score,

copperwire, pins

20 x 20 x 5cm (8 x 8 x 2in)

Copper-wire

For the straight-line problem Marian found a special sort of stretched spring-steel wire, that had the precise stiffness she was looking for. Since then, spring-steel provides the core of the majority of her works.

Shortly after the introduction of spring-steel a new problem turned up. Marian wanted to link these metal bars without soldering or welding. She found the solution: wrap every piece of steel wire with a very thin and flexible piece of copper-wire before wrapping them with Japanese paper. Leave some centimetres stretched out at both sides. The copper-wire is used to make the connections with an infinite number of other rods, while the copper connections are to be hidden with paper later. Any construction of any size can be built now.

Recently Marian draws lines on a glass plate or mould. These lines are covered with layers of Japanese paper strips soaked in wall paper glue. As many layers are used as needed to obtain sufficient volume and thickness. When dried, the paper can easily be detached.

Koperdraad

Marian vond als oplossing voor het strakke-lijnen-probleem een speciaal soort recht verenstaal, dat haar precies de stijfheid bood die ze zocht. Sinds die tijd vormt verenstaal de basis van vele van haar kunstwerken. Al snel diende zich een volgend probleem aan: Marian wilde de omwikkelde staafjes zónder solderen aan elkaar bevestigen. Ze heeft toen een eigen techniek ontwikkeld om dat mogelijk te maken: om een metalen staafje wikkelt ze een iets langer, heel dun koperdraadje, waarvan de uiteinden aan beide kanten uitsteken.Daaromheen wordt papier, gedrenkt in behangerslijm gewikkeld. De uiteinden van het koperdraad wikkelt ze dan bij een volgend staafje weer mee, waardoor de staafjes met elkaar verbonden worden. Op deze manier kan ze op elk punt een willekeurig aantal staafjes aan elkaar maken en kan ze zo hoog bouwen als ze maar wil.

In een recent door haar ontwikkelde techniek tekent Marian de gewenste vorm op een glasplaat of op en mal (bijvoorbeeld een schaal). Ze scheurt Japans papier in heel smalle reepjes, doopt ze in behangerslijm en plakt de getekende vorm daarmee vol, totdat ze een behoorlijke dikte heeft bereikt. Na het drogen kan ze de papieren vorm loshalen en verder verwerken.

銅の針金

マリアンは真っ直ぐな線を描く為に確かな固さを持つ、特殊に引き伸ばされた弾力のある鋼を用いた。それ以来、その鋼は彼女の殆どの作品において用いられている。

それから程なくして新たな問題が持ち上がった。マリアンはこれらの金属の棒をはんだで付けたり溶接したりせずにつなげようとしたのだ。彼女の解決策は、まずそれぞれの金属棒を、和紙でくるんでしまう前にごく細い柔軟な銅の針金でまく。そして数センチを両端に残す。銅の針金は無数の棒をつなげ、その接続部分は和紙によって隠す。これにより今ではいかなる大きさの構造も可能となった。

最近ではマリアンはガラスの板か鋳型に線を描く。これらの線を壁紙用の糊に浸された和紙を細長く切ったもので幾度も覆う。納得の行くボリューム、厚みがでるまでこの作業は幾度も繰り返される。乾いた時これらの紙は簡単にはがれる。

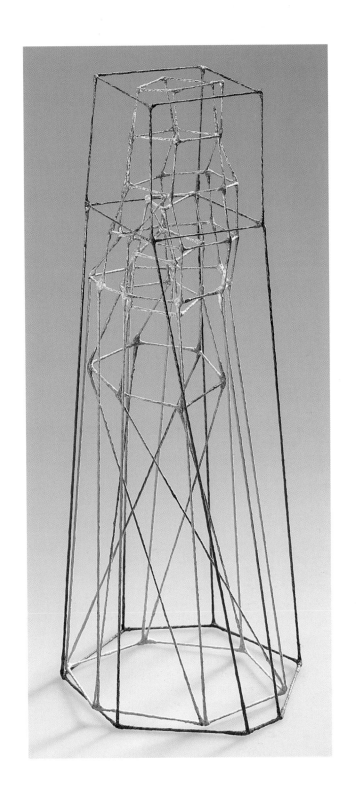

tower 1

2001

paper, metal

15 x 15 x 35cm

(6 x 6 x 14in)

Puzzle

Marian's paper-objects invite a closer and thorough examination. How is it made? What is the hidden logic? It arouses curiosity. The viewer may want to stand back and observe from a distance, then to approach and have a close inspection.

It is like a Japanese puzzle that you thought you understood, but that turned out differently later. That's the good thing: these beautiful objects never outstay their welcome: they remain both beguiling and intriguing.

Logics

Although geometry and mathematics were not directly Marian's favourites at school, she uses them both in her works. Mathematical progressions are often the basis of her objects. She mostly starts with a geometrical idea or component and searches for the mode of development. For example metal triangles, squares, pentagons and hexagons all covered with paper, systematically grouped to a central axis. All these objects can be amalgamated like Russian babushka dolls. The resulting artwork, far from appearing calculated, is playful and organic.

Puzzel

Een papieren object van Marian Smit nodigt uit tot nauwgezette bestudering. Hoe zit het in elkaar? Wat is de logica achter deze ingenieuze constructie? Je wordt vanzelf nieuwsgierig, je gaat afwisselend veraf en dichtbij staan, je kijkt eerst globaal en dan op de millimeter.

Het werk is als een Japanse puzzel die je denkt door te hebben, maar met ieder nieuw stukje blijkt hij toch anders in elkaar te zitten dan je had gedacht. Dat is een goed teken: het object gaat daardoor ook na lange tijd niet vervelen. Het blijft mooi.

Logica

Algebra en meetkunde behoorden niet tot Marians favoriete school-vakken. Toch maakt ze nu vaak gebruik van de logica in de wiskunde. Wiskundige reeksen komen veelvuldig in haar werk voor. Ze bedenkt meestal eerst een (mathematisch) uitgangspunt, voert dat uit in papier en kijkt hoe ze de zo ontstane vorm verder kan ontwikkelen. Ze maakt bijvoorbeeld een reeks van een draadmetalen driehoek, een vierkant, een vijfhoek en een zeshoek, omwik-keld met papier, die ze volgens een uitgedacht systeem aan elkaar koppelt. Dat herhaalt ze in verschill-ende maten en schuift de vormen als Russische poppetjes in elkaar. Grappig genoeg geeft dat een heel speels en organisch geheel, helemaal niet het strakke stramien dat je zou verwachten.

神秘性

マリアンの紙によるオブジェは見ている者をごく近くに、そしてより徹底した観察へと導く。どのようにして作られたのか？どういった論理が隠されているのか？それは観客の好奇心を誘う。観客は少し離れた所に立ち、距離を置いて作品を見つめなければならないかもしれない。それから細部の観察に入るのだ。

解ったつもりだったのに後になって全く違うものであったりと謎めいている。しかしこれが彼女の作品の魅力なのだ。これらの美しいオブジェの数々は長居をしすぎて嫌われてしまう事などない。これらは常に観客を退屈させず反対に興味を抱かせる存在なのだ。

論理

マリアンにとって幾何学も数学も学校において直接的な興味の対象ではなかったものの、彼女は作品にてどちらの要素も用いる。数学的連続の数々は、しばしば彼女の作品の基礎となっている。マリアンは殆どの場合、幾何学的なアイデアもしくはその構成部分によって作品の拡張の方法を見つけるのだ。

例えば、金属の三角形、正方形、五角形そして六角形は全て紙で覆われ系統的に中心となる軸へと集められている。これらのオブジェは全て、ロシアのバブーシュカ人形のように融合することも可能である。結果としての作品は計算されたというよりもやはり有機的で遊び心に溢れている。

windows98
1998
paper, copperwire
45 x 45 x 5cm (18 x 18 x 2in)

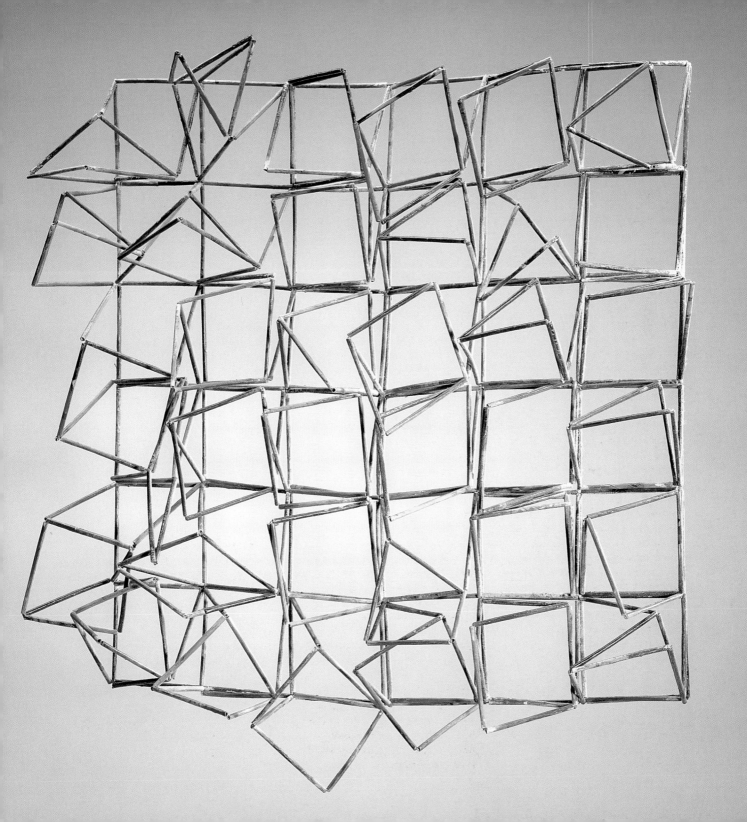

Colour

Colours are important to Marian. Her selection is largely intuitive. These colors are always primary or secondary; they are cheerful and bright. While she greatly appreciates more subtle hues in nature and in the works of other artists, they do not fit in her designs. The straightforward colouring emphasizes the simplicity and childish logic of her work.

Some works specifically ask for an absence of colour. 'washed ashore' for example suggests a skeleton that has been submerged in the sea for ages and has lost all colouring.

Kleur

Marian vindt kleur heel belangrijk. Ze kiest gevoelsmatig welke kleur het kunstwerk het best versterkt. Dat zijn altijd primaire of secundaire kleuren, vrolijk en sprankelend. Marian kan gedektere tinten in de natuur of in het werk van anderen wel heel erg waarderen, maar bij haar eigen werk vindt ze dat niet passen. De duidelijke kleuren die ze gebruikt, versterken in het werk een gevoel van eenvoud, van bijna kinderlijke logica.

Sommige werken *vragen* niet om kleur. 'Aangespoeld' bijvoorbeeld suggereert iets dat lang in zee heeft gelegen en daardoor alle kleur is kwijtgeraakt.

色彩

色はマリアンにとって重要な要素である。彼女の色を選ぶ基準は殆どの場合が直感によるものである。陽気で明るい色が最優先もしくは二番目に選ぶ色である。とはいえ彼女は自然の世界や他の作家たちによる作品に見られるもっと微妙な色合いも非常に好むが彼女の作品には当てはまらないのだ。率直な色の選びかたは彼女の作品のシンプルさとその遊び心を深く反映している。

幾つかの作品は色を用いずに作るよう依頼された。「Washed Ashore」は、何年もの間海の底に隠されていた骨格がその年月の為に色を失ったようにも見える。

flying impossible 2

1996

metal, paper, resin

15 x 15 x 25cm (6 x 6 x 10in)

33

Growth and transparency

Marian's paper-objects seem to grow continuously. Although clearly circumscribed, they look to be picked at an arbitrary moment in their growth and sent to an exhibition. In a sense they are never really completed: they could have grown forever.

Transparency too plays an important role. With as little material as possible a maximum is shown. It makes each object directly and totally visible. This way of working does not allow any deviousness or smuggling; the work is completely honest.

Groei en transparantie

De papierobjecten van Marian lijken altijd verder te kunnen groeien. Hoewel de werken een duidelijke vorm hebben, zijn ze schijnbaar op een willekeurig moment in hun ontwikkeling *geplukt* voor een tentoonstelling. Ze zijn eigenlijk nooit af, ze zouden eindeloos groter kunnen worden.

Ook transparantie speelt een belangrijke rol. Met zo min mogelijk materiaal laat Marian zoveel mogelijk zien. Elk object is daardoor in één oogopslag van alle kanten tegelijk te zien. Marian kan met deze manier van werken niets verdoezelen, ze kan er geen verborgen trucjes in stoppen: het werk is goudeerlijk.

拡張と透明度

マリアンの紙によるオブジェは拡張し続けてるように見える。いかに境界線がはっきりと示されていようが、オブジェはその拡張の課程において恣意的な一瞬を展示の為に選び取られた様に見える。マリアンの作品は完成することが無いとも言える。実際、彼女のオブジェは永久に拡張することもできたわけである。

透明感も彼女の作品において重要な役割を担う。最小限の素材によって最大限見せることによってそれぞれのオブジェそのものをあからさまに見えるようにする。こういった作品の作り方には遠回しな方法は通用しない、だからこそ彼女の作品には偽りがないのだ。

network
2000
paper, metal
55 x 50 x 4cm (22 x 20 x 1.5in)

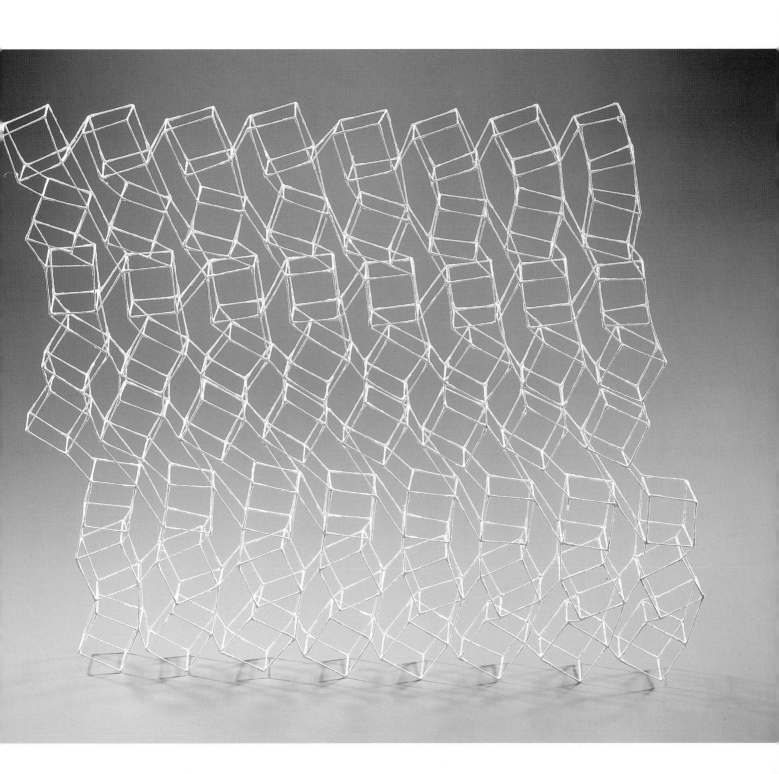

Inspiration   Inspiratie   インスピレーション

Harmony

Marian Smit combines mathematical forms and organic lines in her paper-art. Sometimes she combines straight and fake lines, sometimes she softens hard lines by colouring them. The viewer may be searching in vain for interruptions in mathematical patterns.

Combining logical and mathematical forms induces a great deal of harmony. Marian's paper constructions bring to mind the logical and structured drawings of Sol Lewitt as well as the language of Andy Goldsworthy who builds construc-tions from nature. It is the combination of these two entities that make her work so special; dualism brought to oneness.

Harmonie

Marian Smit brengt in haar papierkunst mathematische vormen samen met een organisch lijnenspel. Soms combineert ze daarvoor rechte en grillige vormen, in ander werk verzacht ze strakke lijnen door een kleurtoevoeging. In het algemeen is het zo, dat het oog bij strakke lijnen de neiging heeft te zoeken naar een doorbreking van het wiskundige patroon. Bij een warrige takkenbos zoekt het juist naar een logische samenhang. Marian combineert deze twee tegengestelde elementen en geeft haar werk daarmee een grote mate van harmonie.

De papierbouwsels doen aan de ene kant denken aan het logische en gestructureerde tekenwerk van Sol Lewitt, terwijl er tegelijkertijd de door de natuur gevormde 'taal' van Andy Goldsworthy in te vinden is. Het is juist het samengaan van de essenties van deze twee tegenpolen dat het werk van Marian Smit zo speciaal maakt: dualiteit samengevoegd tot eenheid.

調和

マリアン スミットは紙での制作の中で数学的な形と有機的な線を混ぜ合わせる。時折彼女は直線とそうでない線を結合させたり、固い線を色をつけることによって柔らかくしたりする。観客はむなしくその数学的なパターンを中断するきっかけを探しているかもしれない。

論理と数学的な形態の融合は優れた調和を導き出す。マリアンの紙による構造はソル ルウィットの論理的で構築されたドローイングや自然から作家自身の言語を作り出したアンディー ゴールズウォーシーの作品を思い出させる。この二つの実体の融合がマリアンの作品をより一層特別にしているといえるだろう。二元性が調和をもたらしたのだ。

rolling impossible
2000
paper, steel
20 x 20 x 30cm (8 x 8 x 12in)

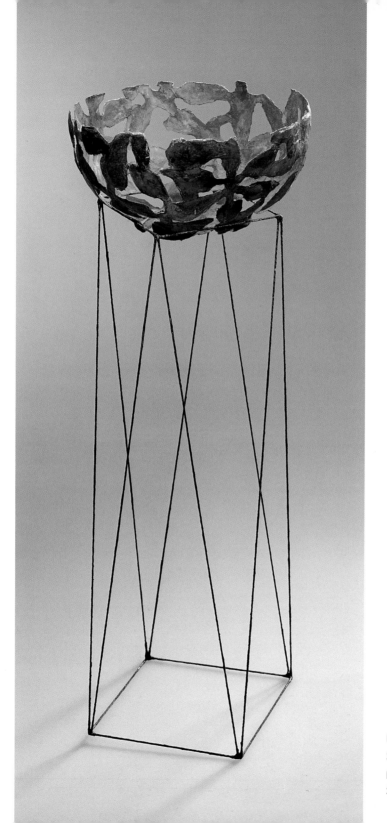

bowl of leaves
2001
paper, metal
20 x 20 x 55cm (8 x 8 x 22in)

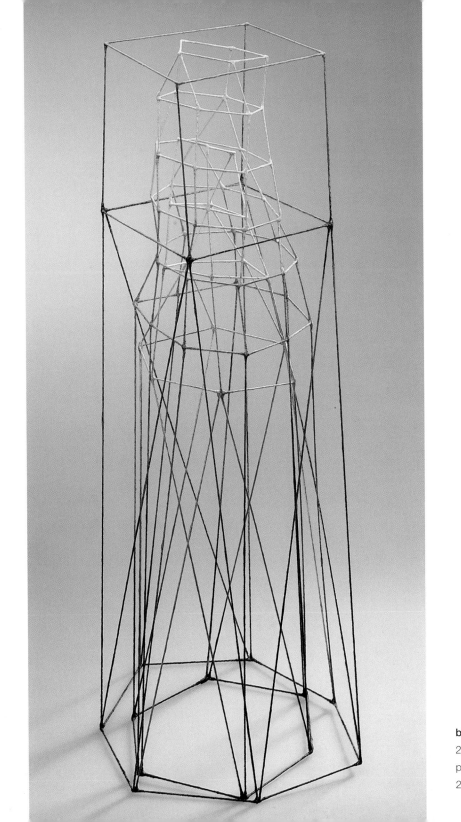

big tower
2001
paper, metal
20 x 20 x 50cm (8 x 8 x 20in)

Formats

Marian's designs become slowly bigger and bigger. The system is still the same; small components linked together, but total size increases. Starting with miniatures, much bigger but still fragile objects are built now. In exhibitions Marian's work now literally takes the floor.

Formaat

Het werk van Marian wordt langzamerhand groter. Ze is wel steeds hetzelfde blijven werken: ze bouwt kleine onderdelen op tot een groter geheel. Maar het formaat neemt toe. De miniaturen uit de begintijd hebben zich ontwikkeld tot fragiele bouwwerken. Bij exposities neemt het werk van Marian terecht een steeds groter deel van de ruimte in.

形式

マリアンによるデザインはゆっくりと次第に大きくなる。ここでの方式はいつもと同じで小さな構成部分をつなげることにより全体像を大きくしていくのだ。現在は、ミニチュアから始まり壊れやすいのは以前と変わらないが、遥かに大きいオブジェがつくられるようになった。展覧会においてマリアンの作品は文字通り床を埋め尽くす。

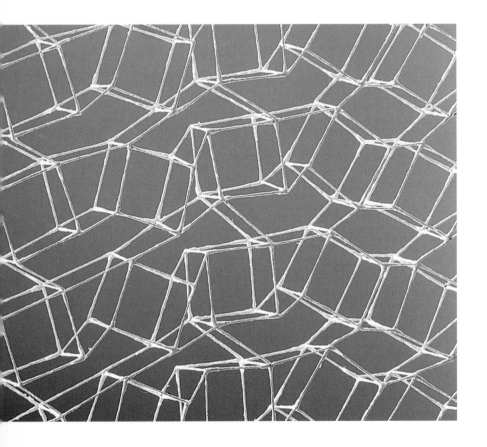

network (detail)
2000
paper, metal
55 x 50 x 4cm (22 x 20 x 2in)

Texel

In 1994 Marian had her atelier in the very centre of old Amsterdam. Very busy, very lively but too many visitors interrupting her. No better contrast imaginable with her recent home: at the very north of the island of Texel.

Marian could not predict that such a different scenery would influence her so much, but it obviously did. Of course there are shells, small animal skulls and a cluster of distorted grass-roots that inspire her. But it was an old hawthorn on her first walk that made an unforgettable impression. The crown of that tree was an inextricable cluster of mingled and interlaced twigs. She knew what her ideal work would be. Fixate these twigs and excavate a hollow cube in it. That would be the perfect combination of maths, organics, transparency and growth.

Texel

Tot 1994 had Marian een atelier in het hartje van Amsterdam. Elke dag druk, veel aanloop en bezoek om haar van haar werk te houden. Een grotere tegenstelling met haar huidige atelier op het uiterste puntje van Texel is haast niet voor te stellen. Texel is een klein, landelijk eiland in de Waddenzee, in het noorden van Nederland.

Marian had eigenlijk niet verwacht dat de andere omgeving invloed zou hebben op haar werk, maar nu ze terugkijkt ziet ze die invloed toch wel. Natuurlijk zijn er schelpen, dierenschedeltjes en vergroeide graspollen waarvan de vormen haar inspireren. Maar vooral een oude meidoornboom, die Marian tijdens haar eerste wandeling op Texel tegenkwam, maakte diepe indruk. De kruin van de boom was een onontwarbaar geheel van vervlochten en verstrengelde takken. Toen ze dat zag, wist ze wat haar ideale werk zou zijn: die takken fixeren en er een vierkant blok uitzagen. Dat zou de ideale combinatie zijn van mathematisch en organisch, van transparantie en groei.

テッセル

1994年頃はアムステルダム旧市街の中心にアトリエを構え、目が回るほど忙しかったマリアンを大勢の人々が訪れた為、彼女はその度に制作を中断しなければならなかった。テッセルの最も北に位置する彼女の現在の家ではこうも対照的なものは想像できなかった。

マリアンは異なった景色が彼女をこれほど影響しうるとは思いもしなかったとはいえ、現実には非常に影響を受けたのである。勿論ここには貝殻があって、小動物の骸骨や密集する歪んだ草の根など、マリアンの想像力をかきたてるものがあった。しかし彼女に忘れがたい印象を与えたのは初めての散歩で見つけた古いサンザシであった。樹のてっぺんは手が付けられないほど絡まり、小枝が織り交ざっていた。彼女には何が理想の作品と成り得るかがわかったのだ。これらの小枝に執着し、それらの中に立方体を掘り抜いた。これこそ、数学、自然に発生する組織、透明感そして拡張していく組織、それぞれの要素が完璧に融合した形と言えるだろう。

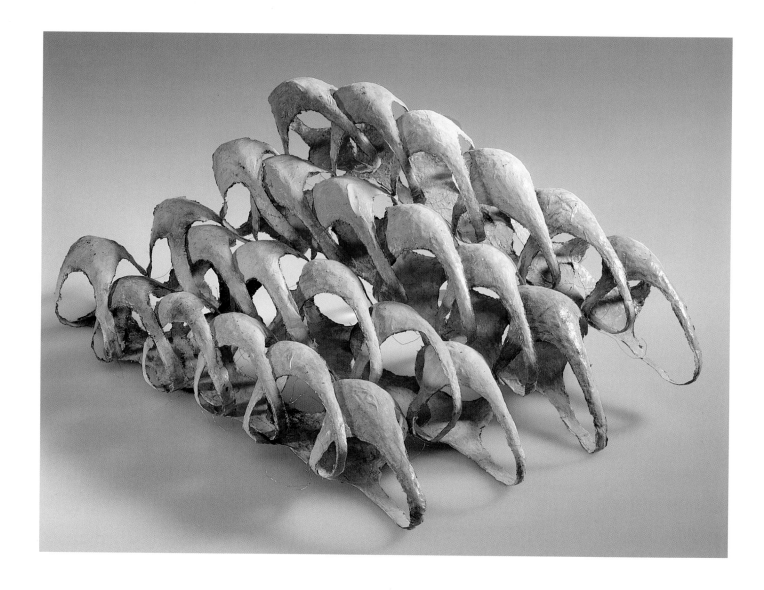

skulls

2001

paper

30 x 25 x 5cm (12 x 10 x 2in)

Frieda's Collar

2000

paper

40 x 30 x 20cm (16 x 12 x 8in)

washed ashore
2000
paper,metal
140 x 40 x 40cm (55 x 16 x 16in)

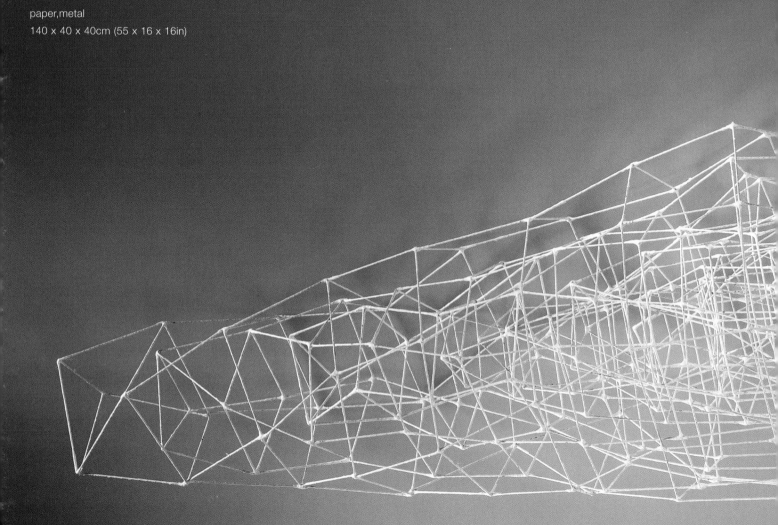